双双中文教材（8）
Chinese Language and Culture Course

中文课本 Chinese Textbook
第八册 Volume VIII

王双双 编著

北京大学出版社
PEKING UNIVERSITY PRESS

图书在版编目（CIP）数据

中文课本（第八册）/王双双编著.—北京：北京大学出版社，2006.2
（双双中文教材8）
ISBN 978-7-301-08702-2

Ⅰ.中… Ⅱ.王… Ⅲ.汉语-对外汉语教学-教材 Ⅳ.H195.4

中国版本图书馆CIP数据核字（2005）第075459号

书　　　　名：	中文课本（第八册）
著 作 责 任 者：	王双双　编著
英 文 翻 译：	刘　涛
责 任 编 辑：	孙　娴
标 准 书 号：	ISBN 978-7-301-08702-2/H·1438
出 版 发 行：	北京大学出版社
地　　　　址：	北京市海淀区成府路205号　100871
网　　　　址：	http://www.pup.cn
电　　　　话：	邮购部 62752015　发行部 62750672　编辑部 62752028　出版部 62754962
电 子 信 箱：	zpup@pup.pku.edu.cn
印　　刷　　者：	北京中科印刷有限公司
经　　销　　者：	新华书店
	889毫米×1194毫米　16开本　8印张　102千字
	2006年2月第1版　2013年4月第3次印刷
定　　　　价：	75.00元（含课本、练习册、识字卡和CD-ROM盘一张）

未经许可，不得以任何方式复制或抄袭本书之部分或全部内容。
版权所有，侵权必究
举报电话：（010）62752024
电子信箱：fd@pup.pku.edu.cn

前言

《双双中文教材》是一套专门为海外青少年编写的中文课本，是我在美国八年的中文教学实践基础上编写成的。在介绍这套教材之前，请读一首小诗：

> 一双神奇的手，
> 推开一扇窗。
> 一条神奇的路，
> 通向灿烂的中华文化。
>
> 鲍凯文 鲍维江
> 1998年

鲍维江和鲍凯文姐弟俩是美国生美国长的孩子，也是我的学生。1998年冬，他们送给我的新年贺卡上的小诗，深深地打动了我的心。我把这首诗看成我文化教学的"回声"。我要传达给海外每位中文老师：我教给他们（学生）中国文化，他们思考了、接受了、回应了。这条路走通了！

语言是交际的工具，更是一种文化和一种生活方式，所以学习中文也就离不开中华文化的学习。汉字是一种古老的象形文字，她从远古走来，带有大量的文化信息，但学起来并不容易。使学生增强兴趣、减小难度，走出苦学汉字的怪圈，走进领悟中华文化的花园，是我编写这套教材的初衷。

学生不论大小，天生都有求知的欲望，都有欣赏文化美的追求。中华文化本身是魅力十足的。把这宏大而玄妙的文化，深入浅出地，有声有色地介绍出来，让这迷人的文化如涓涓细流，一点一滴地渗入学生们的心田，使学生们逐步体味中国文化，是我编写这套教材的目的。

为此我将汉字的学习放入文化介绍的流程之中同步进行，让同学们在学中国地理的同时，学习汉字；在学中国历史的同时，学习汉字；在学中国哲学的同时，学习汉字；在学中国科普文选的同时，学习汉字……

这样的一种中文学习，知识性强，趣味性强；老师易教，学生易学。当学生们合上书本时，他们的眼前是中国的大好河山，是中国五千年的历史和妙不可言的哲学思维，是奔腾的现代中国……

总之，他们了解了中华文化，就会探索这片土地，热爱这片土地，就会与中国结下情缘。

最后我要衷心地感谢所有热情支持和帮助我编写教材的老师、家长、学生、朋友和家人，特别是老同学唐玲教授、何茜老师和我女儿Uta Guo年复一年的鼎力相助。可以说这套教材是大家努力的结果。

王双双
2005年5月8日

说明

《双双中文教材》是一套专门为海外学生编写的中文教材。它是由美国加州王双双老师和中国专家学者共同努力，在海外教学的多年实践中编写出来的。全书共20册，识字量2500个，包括了从识字、拼音、句型、短文的学习，到初步的较系统的对中国文化的学习。教材大体介绍了中国地理、历史、哲学等方面的丰富内容，突出了中国文化的魅力。课本知识面广，趣味性强，深入浅出，易教易学。

教材编写的指导思想是：将汉字和中国文化的学习同步进行，培养学生既会中文，又对中国文化多有了解。八年来，这套教材在老师、学生和家长的参与下，经反复实验修改基本成型。

本书是《双双中文教材》的第八册，适用于中文三年级学生第二学期使用。全书共10课，生字122个，生词118个。授课时间为12~14学时（每学时1.5小时）。到第八册，学生累计学习汉字832个。本册课文篇幅在550字左右，除课文外，每课都配有分量相当的故事短文，供学生自己练习阅读。同时本册开始介绍用一些基本汉字组合成新字，以帮助学生记忆和理解汉字。量词的使用是汉语教学中常遇到的难点之一。因此，本册也介绍了许多常用量词，并让学生们在一定语境中学习掌握这些量词。

编者

课程设置

一年级	中文课本（第一册）	中文课本（第二册）	中文课本（第三册）
二年级	中文课本（第四册）	中文课本（第五册）	中文课本（第六册）
三年级	中文课本（第七册）	中文课本（第八册）	中文课本（第九册）
四年级	中国成语故事	中国地理常识	
五年级	中国古代故事	中国神话传说	
六年级	中国古代科学技术	中国文学欣赏	
七年级	中国诗歌欣赏	中文科普阅读	
八年级	中国古代哲学	中国历史（上）	
九年级	中国历史（下）	小说阅读，中文SAT II	
十年级	中文SAT II（强化班）	小说阅读，中文SAT II考试	

目录

第一课	冬天的风	1
第二课	大鸡蛋 小鸡蛋	7
第三课	要下雨了	14
第四课	买梦	21
第五课	铁杵磨成针	27
第六课	骂鸭	31
第七课	空罐头盒	36
第八课	生肖的传说	42
第九课	等我也长了胡子	49
第十课	三个和尚	54
生字表		60
生词表		62

第一课

冬天的风

冬天的风,像个调皮的小男孩儿,爱开玩笑。他一会儿吹到东,一会儿吹到西。他到了哪儿,哪儿就会活动起来。小熊怕冷,躲在家里。冬天的风拍打他的窗户,叫他到雪地里玩。

小熊和小猪、小白兔一起来到野外。小熊滑冰,小猪和小白兔滑雪。冬天的风调皮地吹他们的脸蛋,把他们的小鼻子吹得红红的。

小鸟们站在树上唱歌,冬天的风像一个神气的琴师为小鸟们拉琴。

刘艺 画

夜晚,冬天的风像一个故事大王,给小猪、小熊、小白兔和小鸟讲着故事。"呜（wū）——呜——"每天晚上,冬天的风都这样讲着,一直讲到第二年春天。雪化了,冬天的风向小熊、小猪、小白兔和小鸟说:"再见了,再见。"

生词

kāi wán xiào 开玩笑	joke	huá bīng 滑冰	ice skate
huó dòng 活动	active; alive	qín shī 琴师	musical instrument player
xiǎo xióng 小熊	bear cub	lā qín 拉琴	play the musical instrument
pà lěng 怕冷	be afraid of the cold	jiǎng 讲	tell; speak
chuāng hu 窗户	window	huà 化	melt
yě wài 野外	field; outdoor		

听写

活动 小熊 怕冷 滑冰 窗户 化雪 野外 讲 *琴师

比一比

活 { 活动 / 生活 / 活鱼 / 干活 }

话 { 说话 / 听话 / 笑话 / 对话 }

拍 { 拍打 / 拍球 / 拍手 / 拍照 }

怕 { 怕冷 / 怕热 / 怕苦 / 害怕 }

> 字词运用

今　　冷

今天是星期二。

这几天天气太冷,我生病了。

熊　　能

小熊不怕冷,在雪地里玩。

你能不能帮我把书还给老师?

拍　　怕

下课了,同学们玩拍皮球。

老鼠怕猫。

滑　　骨

姐姐喜欢滑冰,我喜欢滑雪。

小狗爱吃骨头。

组新字

小 —— 大	尖	笔尖
人 —— 人	从	跟从
人 —— 从	众(zhòng)	大众
日 —— 寸	时	时间
月 —— 月	朋	朋友
禾 —— 火	秋	秋天
口 —— 十	叶	树叶
广(guǎng) —— 木	床	木床
门 —— 口	问	问题(tí)
门 —— 人	闪	闪电
木 —— 对	树	树木
走 —— 己	起	起来

读一读

狐狸一家

春天，狐狸妈妈生了五只小狐狸，全身都是灰(huī)黑色的。过了一个月，小狐狸肚子上的毛变成白色，背上的毛变成黄红色。狐狸爸爸每天出去找吃的，每次都要叼着五只小青蛙、五只小田鼠回来。

秋天来了。一天，狐狸爸爸找到一只大田鼠。它把田鼠分成五块，埋(mái)在五个地方，让孩子们去找，看看他们能不能找到。

冬天到了。小狐狸长大了，学会了自己找食物。

一天，狐狸爸爸和狐狸妈妈离开了小狐狸。小狐狸们只好自己过日子了。

 谜语

肚上有个大口袋,

不装面包不装菜。

里面专门放娃娃,

一跳一跳跑得快。

（打一种动物）

张罗蕴 画

第二课

大鸡蛋 小鸡蛋

黑熊要养鸡,背着一口袋玉米出去换鸡蛋。他边走边叫:"玉米换鸡蛋!玉米换鸡蛋!"狐狸大娘笑眯眯地走来说:"你好!黑熊。我有鸡蛋和你换玉米。"黑熊心想:"人们都说,和狐狸换东西可得小心点!"正想着,狐狸大娘拿着一篮子蛋出来了。黑熊一看,说:"这蛋怎么有大有小?大的比香瓜还大,小的比核桃还小。"狐狸大娘笑笑说:"这蛋哪能一样大呢?蛋分两种。大蛋,是大鸡下的;小蛋,是小鸡下的呀。"黑

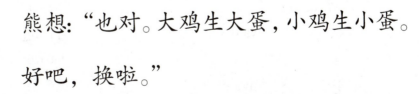

熊想:"也对。大鸡生大蛋,小鸡生小蛋。好吧,换啦。"

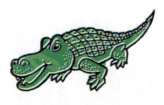

黑熊把蛋拿回家里,放在床上。他

想孵(fū)出一群小鸡。奇怪的事情发生了。几天后,从蛋壳里钻出几只小乌龟。小乌龟离开黑熊家,跳进水里游走了。又过了几天,从蛋壳里出来了几条小青蛇。小青蛇爬进草里不见了。后来,从蛋壳里又出来了几条小鳄鱼。小鳄鱼"扑通、扑通"跳进湖里,再也不见了。最后,从最大的蛋里钻出一只小鸵鸟。小鸵鸟对黑熊说:"我要去沙漠玩玩,再见!"它头也不回地跑了。

黑熊看着空空的蛋壳,说:"狐狸呀,狐狸!"

生 词

玉米 yù mǐ	corn	钻出 zuān chū	creep out
大娘 dà niáng	aunt	蛇 shé	snake
小心 xiǎo xīn	be careful	鳄鱼 è yú	crocodile
核桃 hé tao	walnut	扑通 pū tōng	flop
分 fēn	divide	鸵鸟 tuó niǎo	ostrich
蛋壳 dàn ké	egg shell	沙漠 shā mò	desert

听写

玉米　大娘　分　蛋壳　蛇　沙漠　鸵鸟

＊鳄鱼　扑通

比一比

良 { 良好 / 优良(yōu) }　　娘 { 大娘 / 娘娘 }　　狼 { 狼狗 / 灰狼(huī) }

孩 { 孩子 / 小孩 }　　核 { 核桃 / 果核 }

多音字

háng
行

xíng
行

háng 行 { 银行 / 排成一行 }　　xíng 行 { 人行道 / 行不行 }

ké
壳

qiào
壳

ké 蛋壳　　qiào 地壳

字词运用

换

姐姐换上新衣服，去参加朋友的生日晚会。

明天我们要去日本，妈妈去银行换钱。

组新字

> 几——木　朵　花朵
> 北——月　背　背后
> 王——元　玩　玩球
> 女——良　娘　大娘

把下面的字加上一笔变成新字，写在（　）里

例：大（太）

王（　）　　日（　）　　木（　）

白（　）　　大（　）　　口（　）

十（　）　　人（　）　　了（　）

谜语

大姐脸儿美，

二姐一肚水，

三姐露着牙，

四姐歪着嘴。

（打四种水果）

读一读

老鼠嫁(jià)女

哩(lī)哩啦，哩哩啦，敲锣(luó)鼓(gǔ)，吹喇(lǎ)叭(bā)，

老鼠家里办喜事，有个女儿要出嫁。

"女儿嫁给谁？"

妈妈问爸爸。

爸爸是个老糊涂，

他说："谁神气就嫁给谁。"

爸爸就去找太阳，

太阳说："乌云要遮(zhē)我，乌云来了我害怕。"

爸爸就去找乌云，

乌云说："大风要吹我，大风来了我害怕。"

爸爸就去找大风，

大风说："高墙要挡(dǎng)我，我见高墙就害怕。"

爸爸就去找高墙，

辜玮昕 画

高墙说:"老鼠会打洞,老鼠来了我害怕。"

太阳怕乌云,

乌云怕大风,

大风怕高墙,

高墙怕老鼠,

老鼠怕猫咪(mī)。

爸爸乐得笑哈哈,

原来猫咪最神气,

女儿应当嫁给他。

哩哩啦,哩哩啦,敲锣鼓,吹喇叭,

老鼠女儿坐花轿(jiào),一抬抬到猫咪家。

老鼠爸爸和妈妈,

第二天来看女儿啦。

咦(yí),女儿不见了?

女儿在哪儿?女儿在哪儿?

猫咪说:"我怕人家欺(qī)负(fù)她,啊呜(wū)一口就吞下。"

第三课

要下雨了

小白兔到山上去采花。她采了一会儿花,觉得天气很闷,就直起身子。一只小燕子从她头上飞过,小兔大声喊:"燕子,燕子,你为什么飞得这么低啊?"燕子边飞边说:"要下雨了。空气很潮湿,虫子的翅膀沾了小水珠,飞不高,我正忙着捉虫子呢。"

Christina Sun 画

是要下雨了吗?小白兔往前一看,池子里的小鱼都游到水面上来了。小白兔跑去问:"小鱼,小鱼,今天怎么有空(kòng)出来啊?"

小鱼说:"要下雨了。水里闷得很,游到水面上来透透气。

小白兔你快回家吧，小心淋着(zháo)雨。"

小白兔急忙往家跑，看见路边一大群蚂蚁。小白兔说："蚂蚁，蚂蚁，要下雨了！"一只大蚂蚁说："是要下雨了，我们正忙着往高处搬家呢。"

小白兔一边往家跑，一边喊："妈妈，妈妈，要下雨了！"

一阵雷声，哗(huā)，哗，哗，下大雨了。

生词

cǎi 采	pick	zhān 沾	moisten
mēn 闷	stuffy	chí zi 池子	pond
hǎn 喊	shout; call	tòu qì 透气	breathe freely
dī 低	low	bān jiā 搬家	move (house)
kōng qì 空气	air	yí zhèn 一阵	a roll of
cháo shī 潮湿	damp; moist	léi shēng 雷声	thunder

听写

闷　透气　低　搬家　喊　空气　采

一阵　雷声　沾水　池子　*潮湿

比一比

处 { 高处
　　 远处

外 { 外面
　　 外国
　　 外衣

{ 搬（搬家）
  船（坐船）

{ 阵（一阵）
  车（汽车）

选字组词

水＿＿＿（也　池）　　打＿＿＿（雷　雨）

开＿＿＿（门　闷）　　开＿＿＿（阵　车）

多音字

kōng
空

kōng
空 { 空气
      空调 }

kòng
空

kòng
空 { 有空
      空位子 }

zháo
着

zháo
着 { 着急
      着火 }

zhe
着

zhe
着 { 拿着
      哭着 }

儿歌

组字歌

"一"进门,把门"闩"。(shuān)

"人"进门,电光"闪"。

"耳"进门,听新"闻"。(wén)

"日"进门,看时"间"。

"口"进门,"问"题多。

"心"进门,"闷"得慌。

"才"进门,"闭"着眼。

谜语

一位好朋友,

有圆又有方,

作业出了错,

赶快来帮忙。

(打一学习用具)

读一读

种金子

一天，国王看见阿凡提(fán tí)拿了一些金子放进土里，就问："阿凡提，你这是干什么？""我种金子呢。"国王很奇怪，问道："这金子怎么种呢？""您怎么不明白呢？现在把金子种下去，过几天就收很多金子回家。"国王一听，眼睛都红了，说："我们一起种吧。你的种(zhǒng)子少，就到我这里拿吧。"

刘艺 画

第二天，阿凡提从国王那里拿了两块金子。过了一个星期，他给国王送去了十块金子。国王看见闪闪发光的金子，笑得合不上嘴，马上叫手下的人拿出几十盘金子，给阿凡提去种。阿凡提把金子拿回家，都分给了穷人。

一个星期过去了，阿凡提去见国王。国王笑着说："你来了，拉金子的大车也都来了？"阿凡提哭了起来，说："这几天没下雨，我们的金子都干死了。"国王一听，气得从宝座上扑下来，大叫："胡说！你想骗谁？金子哪有干死的！"

"咦，这就奇怪了！"阿凡提说，"您不相信金子会干死，怎么又相信金子能种呢？"国王一句话也说不出来。

第四课

买 梦

一天,小青蛙坐在湖里的大荷叶上,忙着找虫子吃。一只小红鸟飞来,高兴地对他说:"小青蛙,我昨天晚上做了一个梦,梦见和一只漂亮的大蝴蝶一起玩呢!"小青蛙心想:哟(yō),这可真好。

小红鸟飞走了。小黄鸟又飞来了,对小青蛙说:"小青蛙,我昨天晚上做了个梦,梦见一朵孔雀花,美极了。"小青蛙心想:哟,真好……

小青蛙想:做梦真美,今天晚上,我也要做一个好玩的梦。

朱桢丽 画

晚上，小青蛙早早闭上眼睛，等着梦来。他等呀，等呀，慢慢睡着了。小青蛙一觉醒来："咦？我什么梦也没做呀。"他很不高兴。突然，小青蛙想到一个好主意："我去买一个梦吧。"他拿了钱，买梦去了。

小青蛙看到红金鱼在水里游，就说："红金鱼，我想买一个梦，你有吗？"红金鱼说："我没有。"说完就游走了。她那红红的尾巴，在绿绿的湖水里，一甩，一甩。

这时候，几只白天鹅落到了水面上。小青蛙跳过去说："大天鹅，我想买个梦，你有吗？"天鹅说："我不卖梦。"说完飞上天空。她那雪白的大翅膀，在蓝蓝的天空里，一扇，一扇。

小青蛙又看到小白兔在树林里荡秋千。他大声说："小白兔，我想买一个梦，你有吗？"小白兔说："我的梦怎么能卖给你呢？"说完，又荡起秋千来。她荡呀，荡呀，好像一朵白云在飘。

小青蛙买不到梦，只好回家了。

夜里真安静，小青蛙一下睡着了。他开始做梦了：梦见一个大湖，他和红金鱼一起在湖中游来游去做游戏。他又做了一个飞的梦：白天鹅背着他在蓝天上飞。他还做了一个荡秋千的梦：梦里，他和小白兔坐在秋千上，荡呀，荡呀，荡到云朵里去了……

天亮时，小青蛙想着自己做过的梦高兴极了："原来我会做这么多好玩的梦呀！"

（根据冰波著《买梦》改编）

生词

zuó tiān 昨天	yesterday	shuǎi 甩	swing
měi 美	beautiful	dàng 荡	swing back and forth
jí 极	extremely	qiū qiān 秋千	swing
bì 闭	close	piāo 飘	float (in the air)
tū rán 突然	suddenly	ān jìng 安静	quiet
zhǔ yi 主意	idea	kāi shǐ 开始	begin; start

听写

秋千　昨晚　突然　主意　开始　美　闭着

安静　*极　甩

比一比

花 { 红花 / 开花 / 花钱

主 { 主要 / 主人 / 主意

朵 { 耳朵 / 花朵 / 云朵

多音字

shàn
扇

shān
扇

shàn 扇 { 扇子 / 一扇门

shān 扇 { 扇风 / 扇一扇

字词运用

一扇　扇子　扇一扇

这间房子有一扇大窗户，所以很明亮。

扇子分很多种，有竹扇、纸扇、羽毛扇。

白天鹅扇一扇翅膀飞走了。

儿歌

量词歌

一条河里两只鸭,

三匹马儿把车拉,

四件衣服五双鞋,

六张地图七幅画,

八棵树,九朵花,

十只鸟儿叫喳喳。

小朋友,要记住,

用错量词出笑话。

量词

个
- 一（个）人
- 一（个）西瓜
- 一（个）梨
- 一（个）皮球

群
- 一（群）人
- 一（群）羊
- 一（群）蚂蚁
- 一（群）牛

只
- 一（只）鸡
- 一（只）鸭
- 一（只）鸟
- 一（只）虎

条
- 一（条）河
- 一（条）路
- 一（条）蛇
- 一（条）鱼
- 一（条）毛巾

双
- 一（双）鞋
- 一（双）眼
- 一（双）手

扇
- 一（扇）窗
- 一（扇）门

一（头）牛

一（匹）马

第五课

铁杵磨成针

一千多年前,中国有个伟大的诗人叫李白。他小时候贪玩,不好好读书,学习进步很慢。

一天,李白到河边去玩,看见一位白发老奶奶正在石头上磨一根铁杵。李白觉得奇怪,就走过去问:"您磨铁杵做什么?"老奶奶说:"做针。""做针?"李白更奇怪了,"铁杵能磨成针吗?""能,一定能。""什么时候能磨成呢?"李白不相信,又问了一句。"今天磨不成,明天再磨。今年磨不成,明年再磨。只要功夫深,铁杵就能磨成针。"

刘艺 画

李白听了这话,明白了一个道理:不论做什么事,都要下苦功夫,不怕困难。从此,李白刻苦学习,进步很快,后来成了一位伟大的诗人。

生词

tiě chǔ 铁杵	iron pestle	gōng fu 功夫	effort
mó 磨	grind	shēn 深	deep
zhēn 针	needle	bú lùn 不论	no matter
wěi dà 伟大	great	cóng cǐ 从此	from then on
shī rén 诗人	poet	kè kǔ 刻苦	hard-working
jìn bù 进步	make progress		

听写

伟大　诗人　磨成针　进步　从此　功夫深　刻苦

＊铁杵

反义词

甜——苦　　　里——外　　　进步——落后

东——西　　　南——北　　　明白——糊涂

离开——留下　　刻苦——偷懒(lǎn)

字词运用

从此

马良有了神笔,从此他画什么,什么就变成真的了。

小松鼠发现了我家的苹果树,从此它天天上树吃苹果。

弟弟养了一只猫,从此家里就再也没有老鼠了。

更

今年雨水多,小树长得更快了。

小明夏天去北京玩了一个月,中文说得更好了。

量词

片 { 一(片)树林 / 一(片)白云

朵 { 一(朵)花 / 一(朵)云

棵 { 一(棵)树 / 一(棵)草

幅 { 一(幅)地图 / 一(幅)画

张 { 一(张)地图 / 一(张)桌子

把 { 一(把)扇子 / 一(把)椅子

读一读

画 蛋

四百多年前,有个意大利人叫达·芬(dá fēn)奇。他是个著名的画家。

达·芬奇开始学画的时候,老师总(zǒng)是让他画鸡蛋,画了一只又一只。他问老师:"您为什么天天要我画鸡蛋呢?"

老师说:"在一千只鸡蛋当中,没有两只是完全相同的。就是一只鸡蛋,从不同的角度(dù)去看,也不一样。我让你画蛋,就是要练(liàn)你的眼力。"

达·芬奇明白了画蛋的道理,就用心画蛋。他画了一张又一张,每张画上都画了很多不同的鸡蛋。

后来,达·芬奇无论画什么,都能画得又快又像。

第六课

骂 鸭

从前有个懒汉，每天什么活也不干。手头没钱了，他就偷东西，人人都不喜欢他。

邻居老大爷养了一群鸭子，懒汉馋得直流口水。一天，老大爷不在家，懒汉偷了一只鸭，回家关上门，把鸭子煮好，美美地吃了一顿，就上床睡觉了。

半夜里，懒汉觉得身上发痒，好像让许多小虫叮着，难受极了。早上懒汉起床一看，天哪，身上长满了鸭毛。懒汉吓坏了。

第二天夜里懒汉做了个梦，梦见一个神仙来了，对他说："你得这个病是老天爷教训你呀。只有让丢鸭子的人骂你一顿，才能

治好你的病。"懒汉醒来，马上去见邻居老大爷，对他说："大爷，您丢了鸭子，还不把偷鸭的坏人好好骂一顿呀。"

老大爷笑笑说："我哪有时间去骂人。"懒汉急得没有办法，只好把事情都说了出来。老大爷不信，懒汉解开衣服给他看身上的鸭毛。老大爷只好骂了几句。真怪，懒汉身上的鸭毛一下子没有了。

从那以后，懒汉好好种田，再也不干坏事了。

生 词

lǎn hàn 懒汉	lazy man		nán shòu 难受	uncomfortable
gàn huó 干活	work		jiào xun 教训	teach a lesson
lín jū 邻居	neighbor		mà 骂	call names; scold
zhǔ 煮	boil		zhì bìng 治病	cure; treat an illness
yí dùn 一顿	one (meal)		diū 丢	lose
yǎng 痒	itch		jiě kāi 解开	undo
dīng 叮	bite			

听写

邻居　一顿　叮　丢　骂　治病　解开　煮好

*懒汉　发痒

比一比

居 { 邻居 / 居住 / 居民 }

教 { 教训 / 教师 / 教室 }

功 { 功夫 / 功课 / 用功 }

解 { 解开 / 解释(shì) / 了解(liǎo) }

量词

一（杯）茶　　　一（本）书

一（张）桌子　　一（袋）米

一（根）木头　　一（件）衣服

一（支）笔　　　一（个）西瓜

一（粒）种子　　一（块）点心

一（顿）饭

谜语

有面没有口，

有脚没有手。

它有四条腿，

可是不会走。

（打一家具）

读一读

金斧头
（fǔ）

有一个孩子，名字叫诚(chéng)实。一天，他去砍(kǎn)柴，过河时不小心把斧头掉到河里了。他很着急，这时来了一个白发老人。老人拿着一把金斧头问他："这是你的斧头吗？"诚实摇摇头，说："不是。"老人又拿出一把铁斧头。诚实说："这把铁斧头是我的。"老人点点头，说："你真是个诚实的孩子。"诚实谢了老人，上山砍柴，觉得这把斧头真好用。他很快砍完柴，唱着歌回家了。

有个贪心的男孩听说了。他带着铁斧头走到桥(qiáo)上，把它扔到河里。一会儿，来了一个白发老人。老人拿出两把斧头，问这个男孩："我这里有金斧头和铁斧头，哪一把是你的？"贪心男孩拿起金斧头说："这是我的斧头。"老人什么话也没有说就走了。贪心男孩手里的金斧头又变成了铁斧头。

第七课

空罐头盒

森林里有一片绿绿的草地。一天，不知是谁把一个空罐头盒扔在了草地上。

猴子见了说："这么好的草地，扔了个空罐头盒，多不好看哪！"说着捡起罐头盒狠狠地扔了出去。罐头盒飞呀飞，"咚(dōng)"的一声，砸到野猪的头上。野猪说："怎么能乱扔东西！还好我的皮厚。"野猪用他的两只长牙挖了个坑，把罐头盒埋了起来。

辜玮昕 画

住在地下的鼹(yǎn)鼠发现了空罐头盒，生气地说："怎么能把自己不喜欢的东西往土里埋，也不管人家喜欢不喜欢！"鼹鼠又把罐头盒挖出来，一扔，罐头盒滚到兔子家门口。兔子飞起一脚,"去你的!"罐头盒落到一个鸟窝里。鸟爸爸动作快,一下子接住,没让罐头盒砸着孩子们。鸟爸爸又把罐头盒扔下去。鸟窝下面有条小河,罐头盒掉进小河里,在水面上漂啊漂……这时一个在河边玩的小朋友看见了,把罐头盒捞起来扔进了垃圾箱。

辜玮昕 画

生词

guàn tou 罐头	can	hòu 厚	thick
sēn lín 森林	forest	wā kēng 挖坑	dig a pit
jiǎn qǐ 捡起	pick up	mái 埋	bury
hěn hěn 狠狠	strongly	bù guǎn 不管	regardless of
zá 砸	hit	jiē zhù 接住	catch
luàn 乱	at random	lā jī xiāng 垃圾箱	garbage bin

听写

森林　捡起　乱扔　皮厚　挖坑　埋了　不管

接住　＊垃圾箱　罐头

字词运用

调皮　肚皮　皮球

我有个调皮的小弟弟。

青蛙的肚皮是白的。

小朋友都喜欢拍皮球。

口头造句

捡起——

不管——

回答问题

1. 空罐头盒应该扔在哪里？

2. 乱扔垃圾好不好？

量词

一（架）飞机

一（块）木头

一（辆）车

一（道）菜

一（间）房

一（打dá）鸡蛋

量词填空

一家人，有爸爸、妈妈和两（　）孩子。他们家有四间房子：一（　）客厅、两（　）睡房和一（　）饭厅。客厅里有三（　）沙发，墙上挂着一（　）画。每间睡房里都放着一（　）床。饭厅里有一（　）饭桌和四（　）椅子。

 谜语

一匹马儿两人骑,

这边高来那边低。

马儿虽然不会走,

两人骑得笑嘻嘻。

（打一玩具）

读一读

西瓜皮

星期天,小猴和小猪一起到公园里玩。他们一会儿打秋千,一会儿滑滑梯,可高兴了。中午,小猴吃了一根香蕉,

把香蕉皮扔进了垃圾箱。小猪吃了一块西瓜,却把西瓜皮扔到草地上。

小猴说:"小猪,你怎么乱扔西瓜皮!"小猪头也不回地说:"小熊在那边踢足球呢,我们快去一起玩吧。"正说着,小熊一脚把球踢过来,大喊:"看球!"小猪跳起来接球,没想到脚下踩着一块西瓜皮,摔了一大跤。小猪痛得嗷嗷叫,生气地说:"谁这么不讲卫生,乱扔西瓜皮?"小猴说:"是你自己扔的。"小猪明白自己错了,把西瓜皮捡起来扔进了垃圾箱。

刘艺 画

第八课

生肖的传说

传说古时候,人是没有生肖的,十二生肖是后来玉帝给排定的。

玉帝为了给人们排定生肖,要开一个动物生肖大会。那时候,猫和老鼠是好朋友。它们住在一起,就说好一起去参加生肖大会。猫知道自己爱睡觉,就跟老鼠说:"明早你叫我一下好不好?"老鼠一口答应了。可是第二天早晨,老鼠很早起来,没有叫猫,自己去了。

这天龙也要参加生肖大会。它生得很神气,一身金甲,但是美中不足,头上光秃秃的。这时一只公鸡走来,头上有一对角。龙一见,马上说:"公鸡,今天我要开生肖大会去,把你的角借给我用一用好吗?"公鸡说:"今天我也要去呢。"龙说:"公鸡,你就是没有这对角,也够漂亮了。我这个光头,多不好看呀!"公鸡想:也是。它就把角借给了龙。

在生肖大会上,动物们都来了。玉帝挑出了牛、虎、兔、龙、蛇、马、羊、猴、鸡、狗、猪、鼠十二种动物,作为人的生肖。玉帝说:"牛最大,就让牛作第一生肖吧!"可是小老鼠大声说:"我比牛还要大。每次,人们看见我时都说:'啊,好大的老鼠!'可从来没有听人说过:'啊,这头牛真大!'可见人们心中,我比牛大。"老鼠这话把玉帝说糊涂了。于是玉帝就带着十二种动物到人间去。

真和老鼠说的一样,当牛在人们面前走过的时候,人们都说:"这头牛长得真肥,真好。"可是没一个人说:"这头

牛真大。"这时，狡猾的老鼠突然爬到牛背上。人们一见牛背上的老鼠，都叫起来："啊呀，这只老鼠真大。"玉帝听见了人们的叫声，只好说："好吧，人们都说老鼠大，就让老鼠做第一生肖，牛第二吧。"

老鼠做了第一生肖，得意洋洋(yáng)地回来了。猫见了，问道："鼠弟，今天没有开生肖大会吗？"老鼠说："大会已经开过了，十二种动物挑上了，我是第一名。""那你为什么没叫我？"猫问。老鼠说："忘了！"猫生气地向老鼠扑去。从此，猫和老鼠就成了死对头。

再说公鸡开完了生肖大会，很不高兴，心想：玉帝把龙排在自己前面，一定是因为龙有角。它就要把那对角要回来。公鸡走到水边，看见龙就说："龙哥哥，请把角还给我吧。"龙说："公鸡，你没有角，看起来比长着角更漂亮。"公鸡说："可是借了人家的东西，总是要还的呀！"龙答不上来，就沉到水底。

公鸡没办法，只好每天天一亮，就高叫："龙哥哥，还我角……"

生词

shēng xiào 生肖	Chinese zodiac animals	jīn jiǎ 金甲	gold armor
chuán shuō 传说	legend has it	guāng tū tū 光秃秃	bald
yù dì 玉帝	God of Heaven (in Chinese legend)	jiè 借	borrow; lend
		tiāo chū 挑出	choose; pick out
pái dìng 排定	rank	féi 肥	fat
dā ying 答应	agree	jiǎo huá 狡猾	cunning
lóng 龙	dragon	chén dǐ 沉底	sink to the bottom

听写

生肖　玉帝　排定　龙　光秃秃　借　挑出

沉底　＊糊涂　狡猾

比一比

排 { 排队 / 排定 / 一排 }

借 { 借用 / 借钱 / 借车 }

多音字

　　　hái　　　huán
　　　还　　　还

hái
虽然爷爷今年70岁了，但还是很喜欢同孩子们玩。

huán
公鸡让龙把角还给它。

huán
借了别人的东西，用完了一定要还。

反义词

大——小　　大人——小孩

多——少　　增多——减少

出——入　　出口——入口

日——夜　　白日——黑夜

黑——白　　黑天——白天

天——地　　天上——地下

左——右　　左手——右手

有——无　　有名——无名

老——少　　老人——少年

东——西　　东风——西风

南——北　　南方——北方

来——去　　回来——离去

读一读

大剪刀 (jiǎn)

有一把大剪刀在草地上一边走一边唱歌："咔嚓（kā chā）！咔嚓！我是大剪刀。谁不听我的话，咔嚓！咔嚓！"

小红花听了，摇摇头说："这歌不好听，怎

张罗蕴 画

么老是'咔嚓咔嚓'的。""什么？"大剪刀生气了，"咔嚓"一下把小红花的叶子剪掉了。小蜥蜴听见了，摇摇尾巴说："这歌不好听，怎么老是'咔嚓咔嚓'的。""好，你笑话我！"大剪刀跑上去，把小蜥蜴的尾巴剪掉了。

大剪刀唱着歌走进森林里。老虎听见了，说："森林里只有老虎大王，从来没听说过大剪刀！""好，让你知道知道我的厉害！"大剪刀跳起来，把老虎的胡子剪掉了。老虎大王低着头走开了。从此，大剪刀更加神气了。

"我不怕你！"传来了一个清亮的声音。原来是一条小河，唱着叮咚叮咚的歌。大剪刀二话不说，跳进河里就剪。"咔嚓！咔嚓！"水花乱飞，一连剪了二百下，还没把小河剪断。大剪刀剪不动了，倒在河里。

过了几天，草地上的小红花长出了新叶。小蜥蜴又有了一条新尾巴。老虎大王的胡子也长出来了。它到小河边喝水，看见河里有一把生了锈的剪刀。

第九课

等我也长了胡子

汤 锐

等我也长了胡子,

我就是一个爸爸。

我会有一个小小的儿子,

他就像我现在这么大。

我要跟他一起探险,

看小蜘蛛怎样织网,

刘艺 画

看小蚂蚁怎样搬家。

我一定不打着他的屁股喊：

"喂，别往地上爬！"

我要给他讲最有趣的故事，

告诉他大公鸡为什么不会下蛋；

告诉他小蝌蚪为什么不像妈妈。

我一定不对他吹胡子瞪眼：

"去去！我忙着哪！"

我要带他去动物园，

先教大狗熊敬个礼，

再教小八哥说句话。

我一定不老是骗他说：

"等等，下次再去吧！"

哎呀，我真想真想
(āi)

快点长出胡子。

到时候，不骗你，

一定做个这样的爸爸。

生词

hú zi 胡子	mustache	dèng yǎn 瞪眼	glare
tàn xiǎn 探险	explore; venture	dòng wù yuán 动物园	zoo
pì gu 屁股	buttock(s)	jìng lǐ 敬礼	salute
yǒu qù 有趣	interesting	piàn 骗	cheat; lie

听写

胡子　探险　屁股　敬礼　骗人　有趣

比一比

礼 { 敬礼 / 礼物

骗 { 骗人 / 受骗

胡（胡子）
湖（湖水）
糊（糊涂）

反义词

高——低　　　高分——低分

正——反　　　正面——反面

对——错　　　高兴——生气

 谜语

大哥说话先脱帽，

二哥说话先用刀，

三哥说话先喝水，

四哥说话雪花飘。

（打四种文具）

读一读

最厉害的猫

有一家人，家里有许多老鼠。于是主人找来一只世界上最厉害的猫。自从它来到这家，老鼠越来越少。老鼠们很着急，天天想办法，可是老鼠还是一只只地落入猫口。

最后只剩下两只老鼠了,一只大老鼠和一只小老鼠。大老鼠对小老鼠说:"猫在睡觉,你出去看看,要是没事再叫我出去。"

小老鼠出去了。不一会儿,洞外传来了低低的声音:"没事了,快出来吧!"大老鼠刚一出洞,就被猫抓到。猫狡猾地说:"我会学老鼠说话,你上当了吧!"

Catherine Gu 画

第十课

三个和尚

从前有座山，山上有一个庙，庙里住着一个瘦和尚。他每天下山挑水，水缸老是满满的。

一天，来了一个胖和尚。胖和尚又大又胖，喝水多，很快缸里就没水了。瘦和尚说："师弟，缸里没水了，你快下山去挑几桶水。"胖和尚说："师兄，水是两人喝，水应该两人抬。"瘦和尚只好和胖和尚一起下山抬水。

一个庙，在山上，
来了一个胖和尚。
让我挑水你来喝，
这样的傻瓜我不当。
只好两人一起抬，
一桶不满半桶晃(huàng)。

后来又来了一个小和尚。三个和尚要喝水，但都不想去挑水。水缸空了，小和尚说："两位师兄，水缸没水了，我

很渴呢！"瘦和尚说："我们正在打坐。小和尚，你快下山去挑几桶水。我俩也渴了，快去！"小和尚说："你们力气大不去挑水，让我一个人去，不干！"三个和尚渴得嗓子冒烟了，可谁也不去挑水。

一个庙，在山上，
来了一个小和尚。
应当他俩去抬水，
让我去抬就别想！
三个和尚对着望，
只想偷懒不合作，
渴得两眼冒金光。
一个和尚挑水吃；
两个和尚抬水吃；
三个和尚没水吃！

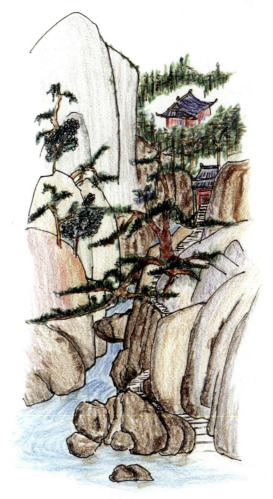

一天夜里，小老鼠打翻了油灯，庙起火了。三个和尚急了，忙去挑水救火。三人来来回回从河里往山上挑水。一场大火终于扑灭了。这场大火后，三个和尚明白了：应该团结合作。从此，水缸里的水又满了。

生词

miào 庙	temple	mào yān 冒烟	smoking
shòu 瘦	thin	wàng 望	look at
tiāo shuǐ 挑水	carry water with a shoulder pole	yóu dēng 油灯	oil lamp
shuǐ gāng 水缸	water vat	zhōng yú 终于	finally; at last
tǒng 桶	bucket	miè 灭	extinguish
yīng gāi 应该	should	tuán jié 团结	unite
shǎ guā 傻瓜	fool	hé zuò 合作	cooperate
liǎ 俩	two		

听写

庙　瘦　挑水　应该　桶　俩　冒烟　油灯　终于　*团结　合作

比一比

跳 { 跳高 / 跳远 / 跳水 }　　桃 { 桃树 / 桃花 / 桃子 }　　挑 { 挑水 / 挑错 / 挑毛病 }

干 { 干活 / 干事 }　　于 { 于是 / 终于 }

反义词

快——慢　　快走——慢走

长——短　　长跑——短跑

哭——笑　　大哭——大笑

敌(dí)——友　　敌人——朋友

> 字词运用

满了　　满意　　满分

下了几天雨,池子里的水满了。

我好好弹琴,但妈妈还是不满意。

张明中文考试得了满分。

应该

已经八点钟了,节目应该开演了。

每天起床后,应该跑步、做操。

干活　　终于

三个和尚都懒得干活,水缸空了。

三个和尚终于明白了要团结合作的道理。

 谜语

（一）

奇怪奇怪真奇怪，

头上长出胡子来。

解开衣服看一看，

颗颗珍珠露出来。

（打一植物）

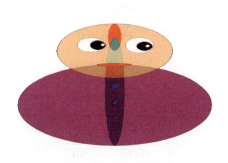

（二）

十五天。

（打一字）

（三）

我没有，他有。天没有，地有。

（打一字）

生字表（简）

1. 活(huó) 熊(xióng) 冷(lěng) 窗(chuāng) 户(hù) 外(wài) 冰(bīng) 琴(qín) 讲(jiǎng) 化(huà)
2. 玉(yù) 娘(niáng) 核(hé) 分(fēn) 壳(ké) 钻(zuān) 蛇(shé) 鳄(è) 扑(pū) 通(tōng) 鸵(tuó) 漠(mò)
3. 采(cǎi) 闷(mēn) 喊(hǎn) 低(dī) 潮(cháo) 湿(shī) 沾(zhān) 池(chí) 透(tòu) 搬(bān) 阵(zhèn) 雷(léi)
4. 昨(zuó) 美(měi) 极(jí) 闭(bì) 突(tū) 甩(shuǎi) 荡(dàng) 飘(piāo) 安(ān) 静(jìng) 始(shǐ)
5. 铁(tiě) 杵(chǔ) 磨(mó) 针(zhēn) 伟(wěi) 诗(shī) 步(bù) 功(gōng) 深(shēn) 论(lùn) 此(cǐ) 刻(kè)
6. 懒(lǎn) 汉(hàn) 邻(lín) 居(jū) 煮(zhǔ) 顿(dùn) 痒(yǎng) 叮(dīng) 训(xùn) 骂(mà) 治(zhì) 丢(diū) 解(jiě)
7. 罐(guàn) 森(sēn) 捡(jiǎn) 狠(hěn) 砸(zá) 乱(luàn) 厚(hòu) 挖(wā) 坑(kēng) 埋(mái) 管(guǎn) 接(jiē)
   垃(lā) 圾(jī) 箱(xiāng)
8. 肖(xiào) 传(chuán) 帝(dì) 应(yìng) 龙(lóng) 甲(jiǎ) 秃(tū) 借(jiè) 挑(tiāo) 肥(féi) 狡(jiǎo) 猾(huá)
   沉(chén) 底(dǐ)
9. 胡(hú) 探(tàn) 屁(pì) 股(gǔ) 趣(qù) 瞪(dèng) 敬(jìng) 骗(piàn)
10. 庙(miào) 瘦(shòu) 缸(gāng) 桶(tǒng) 该(gāi) 俩(liǎ) 冒(mào) 烟(yān) 望(wàng) 油(yóu) 终(zhōng) 灭(miè)
    团(tuán) 结(jié) 合(hé)

共122个生字（累计832个）

生字表（繁）

1. 活(huó) 熊(xióng) 冷(lěng) 窗(chuāng) 戶(hù) 外(wài) 冰(bīng) 琴(qín) 講(jiǎng) 化(huà)
2. 玉(yù) 娘(niáng) 核(hé) 分(fēn) 殼(ké) 鑽(zuān) 蛇(shé) 鱷(è) 撲(pū) 通(tōng) 駝(tuó) 漠(mò)
3. 採(cǎi) 悶(mēn) 喊(hǎn) 低(dī) 潮(cháo) 濕(shī) 沾(zhān) 池(chí) 透(tòu) 搬(bān) 陣(zhèn) 雷(léi)
4. 昨(zuó) 美(měi) 極(jí) 閉(bì) 突(tū) 甩(shuǎi) 盪(dàng) 飄(piāo) 安(ān) 靜(jìng) 始(shǐ)
5. 鐵(tiě) 杵(chǔ) 磨(mó) 針(zhēn) 偉(wěi) 詩(shī) 步(bù) 功(gōng) 深(shēn) 論(lùn) 此(cǐ) 刻(kè)
6. 懶(lǎn) 漢(hàn) 鄰(lín) 居(jū) 煮(zhǔ) 頓(dùn) 癢(yǎng) 叮(dīng) 訓(xùn) 罵(mà) 治(zhì) 丟(diū) 解(jiě)
7. 罐(guàn) 森(sēn) 撿(jiǎn) 狠(hěn) 砸(zá) 亂(luàn) 厚(hòu) 挖(wā) 坑(kēng) 埋(mái) 管(guǎn) 接(jiē)
   垃(lā) 圾(jī) 箱(xiāng)
8. 肖(xiào) 傳(chuán) 帝(dì) 應(yìng) 龍(lóng) 甲(jiǎ) 禿(tū) 借(jiè) 挑(tiāo) 肥(féi) 狡(jiǎo) 猾(huá)
   沉(chén) 底(dǐ)
9. 鬍(hú) 探(tàn) 屁(pì) 股(gǔ) 趣(qù) 瞪(dèng) 敬(jìng) 騙(piàn)
10. 廟(miào) 瘦(shòu) 缸(gāng) 桶(tǒng) 該(gāi) 倆(liǎ) 冒(mào) 煙(yān) 望(wàng) 油(yóu) 終(zhōng) 滅(miè)
    團(tuán) 結(jié) 合(hé)

共122個生字（累計832個）

生词表（简）

1. 开玩笑 活动 小熊 怕冷 窗户 野外 滑冰 琴师
   拉琴 讲 化雪

2. 玉米 大娘 小心 核桃 分 蛋壳 钻出 蛇 鳄鱼
   扑通 鸵鸟 沙漠

3. 采 闷 喊 低 空气 潮湿 沾 池子 透气 搬家
   一阵 雷声

4. 昨天 美极了 闭 突然 主意 甩 荡 秋千 飘
   安静 开始

5. 铁杵 磨 针 伟大 诗人 进步 功夫 深 不论
   从此 刻苦

6. 懒汉 干活 邻居 煮 一顿 痒 叮 难受 教训 骂
   治病 丢 解开

生词表

7. 罐头(guàn tou) 森林(sēn lín) 捡起(jiǎn qǐ) 狠狠(hěn hěn) 砸(zá) 乱(luàn) 厚(hòu) 挖坑(wā kēng) 埋(mái)
不管(bù guǎn) 接住(jiē zhù) 垃圾箱(lā jī xiāng)

8. 生肖(shēngxiào) 传说(chuánshuō) 玉帝(yù dì) 排定(pái dìng) 答应(dā ying) 龙(lóng) 金甲(jīn jiǎ) 光秃秃(guāng tū tū)
借(jiè) 挑出(tiāo chū) 肥(féi) 狡猾(jiǎo huá) 沉底(chén dǐ)

9. 胡子(hú zi) 探险(tàn xiǎn) 屁股(pì gu) 有趣(yǒu qù) 瞪眼(dèng yǎn) 动物园(dòng wù yuán) 敬礼(jìng lǐ) 骗(piàn)

10. 庙(miào) 瘦(shòu) 挑水(tiāo shuǐ) 水缸(shuǐ gāng) 桶(tǒng) 应该(yīng gāi) 傻瓜(shǎ guā) 俩(liǎ) 冒烟(mào yān) 望(wàng)
油灯(yóu dēng) 终于(zhōng yú) 灭(miè) 团结(tuán jié) 合作(hé zuò)

共计118个生词

生詞表（繁）

1. 開玩笑 活動 小熊 怕冷 窗戶 野外 滑冰 琴師
   拉琴 講 化雪

2. 玉米 大娘 小心 核桃 分 蛋殼 鑽出 蛇 鱷魚
   撲通 鴕鳥 沙漠

3. 採 悶 喊 低 空氣 潮濕 沾 池子 透氣 搬家
   一陣 雷聲

4. 昨天 美極了 閉 突然 主意 甩 盪 鞦韆 飄
   安靜 開始

5. 鐵杵 磨 針 偉大 詩人 進步 功夫 深 不論
   從此 刻苦

6. 懶漢 幹活 鄰居 煮 一頓 癢 叮 難受 教訓 罵
   治病 丟 解開

7. 罐頭 森林 撿起 狠狠 砸 亂 厚 挖坑 埋
   不管 接住 垃圾箱

8. 生肖 傳說 玉帝 排定 答應 龍 金甲 光禿禿
   借 挑出 肥 狡猾 沉底

9. 鬍子 探險 屁股 有趣 瞪眼 動物園 敬禮 騙

10. 廟 瘦 挑水 水缸 桶 應該 傻瓜 倆 冒煙 望
    油燈 終於 滅 團結 合作

共計118個生詞

中国国家汉办
规划教材

双双中文教材（8）

练习册

（第八册　单课）

姓名：＿＿＿＿＿＿＿＿＿＿

年级：＿＿＿＿＿＿＿＿＿＿

第一课

一 写生词

活	动											
小	熊											
怕	冷											
窗	户											
野	外											
滑	冰											
琴	师											
拉	琴											
讲												
化	雪											

二 抄写课文（包括标点符号）

小熊怕冷，躲在家里。冬天的风拍打他的窗户，叫他到雪地里玩。

三 组词

活____　　舌____　　冷____　　今____

滑____　　骨____　　拍____　　怕____

熊____　　能____　　琴____　　音____

窗____　　吹____　　化____　　拉____

讲____

四 反义词填空

对——（　　）　　冷——（　　）　　春——（　　）

冬——（　　）　　去——（　　）　　外——（　　）

五 选择填空

1. 小狗爱吃＿＿＿＿＿＿＿头。（滑　骨）

2. 大＿＿＿＿＿＿＿猫爱吃竹子。（熊　能）

3. ＿＿＿＿＿＿＿天是星期五。（今　冷）

六 选字组词

（熊　能）猫　　（舌　活）头　　（冷　今）热

（滑　骨）冰　　（拍　怕）打

七 组新字

小大（　　）　　人人（　　）　　身朵（　　）

日寸（　　）　　月月（　　）　　禾火（　　）

口十（　　）　　云力（　　）　　门口（　　）

门人（　　）　木对（　　）　走己（　　）

走干（　　）

八　缩写课文《冬天的风》（最少五句）

_____

_____

_____

_____

_____

_____

九　阅读《狐狸一家》后

判断对错

1. 春天，狐狸奶奶生了五只小狐狸。　　　___对___错

2. 小狐狸全身都是黑色的。　　　　　　　___对___错

3. 过了一个月，小狐狸背上的毛变成白色。 ___对___错

4. 狐狸爸爸每星期出去找吃的。 ___对___错

5. 狐狸爸爸每次都要叼着五只小青蛙、五只小田鼠回来。 ___对___错

6. 狐狸爸爸把大田鼠分成五块，埋在五个地方，让孩子们去找。 ___对___错

7. 冬天到了。小狐狸长大了，学会了自己找吃的。 ___对___错

8. 一天，狐狸爸爸和狐狸妈妈离开了小狐狸。 ___对___错

9. 小狐狸想离开妈妈和爸爸。 ___对___错

选择正确的答案

狐狸爸爸为什么把大田鼠分成五块，埋在五个地方？

A 狐狸爸爸不想让它的孩子吃，它想留着给自己吃。

B 狐狸爸爸想把东西留给狐狸妈妈吃。

C 狐狸爸爸想教小狐狸自己找东西吃。

十 朗读课文三遍

第三课

一 写生词

采											
闷											
喊											
低											
潮	湿										
沾											
池	子										
透	气										
搬	家										
一	阵										
雷	声										

二 抄写课文(包括标点符号)

　　一只小燕子从她头上飞过,小兔大声喊:"燕子,燕子,你为什么飞得这么低啊?"燕子边飞边说:"要下雨了。空气很潮湿,虫子的翅膀沾了小水珠,飞不高,我正忙着捉虫子呢。"

三 组词

沾_____　　站_____　　阵_____　　车_____

搬_____　　船_____　　住_____　　往_____

雷_____　　雨_____　　间_____　　问_____

闷_____　　闪_____　　蓝_____　　篮_____

池_____　　群_____　　透_____

四 反义词填空

天——（　　）　　黑——（　　）　　湿——（　　）

左——（　　）　　低——（　　）　　快——（　　）

五 组新字

门 心（　　）　　　　雨 田（　　）

六 根据课文判断对错

1. 小白兔到山上去种花。　　　　　　　　　___对___错

2. 下雨前空气很潮湿，虫子的翅膀沾了小水珠。　　　　　　　　　　　　　　　　　___对___错

3. 下雨前水里很闷,小鱼游到水面透透气。　　___对___错

4. 要下雨了。蚂蚁正忙着往低处搬家呢。　　___对___错

七　选字填空

这　　着

1. (　　)只小兔子越跑越快。

2. 小弟弟哭(　　)说:"小火车坏了。"

3. (　　)本书是我的。

4. 他跑(　　)跑(　　),把鞋跑掉了。

八　阅读《种金子》后

选择正确的答案

1. 阿凡提(　　)一些金子,来到野外,在地上种起金子来。

　　A 偷了　　B 拿了　　C 买了　　D 借了

2. 国王听说金子可以种,眼睛都(　　)。

　　A 绿了　　B 黄了　　C 红了　　D 蓝了

3. 国王说:"我们一起种吧。你的种子少,就到我这里( )吧。"

   A 捉　　　B 拉　　　C 拿　　　D 偷

4. 阿凡提拿了国王的两块金子。过了( ),他给国王送去了十块金子。

   A 一年　　　B 几个月　　　C 一个星期

5. 阿凡提把几十盘金子拿回家,把金子( )。

   A 藏了起来

   B 都分给了穷人

   C 换成钱,买了很多东西,又把东西分给了穷人

6. 阿凡提哭着去见国王说:( )

   A "我们的金钱都干死了。"

   B "我们的金子都干死了。"

   C "我们的金银都干死了。"

7. 国王气得从宝座上( )。

   A 跳下来　　　B 跑下来　　　C 扑下来

判断对错

    1. 阿凡提比国王聪明。 　　　　　　　　　　___对___错

    2. 国王太贪心了。 　　　　　　　　　　　　___对___错

九　朗读课文三遍

第五课

一 写生词

铁	杵											
磨												
针												
伟	大											
诗	人											
进	步											
功	夫											
深												
不	论											
从	此											
刻	苦											

二 抄写课文(包括标点符号)

　　一千多年前,中国有个伟大的诗人叫李白。他小时候贪玩,不好好读书,学习进步很慢。

　　……

　　李白听了这话,明白了一个道理:不论做什么事,都要下苦功夫,不怕困难。从此,李白刻苦学习,进步很快,后来成了一位伟大的诗人。

三 组词

买_____ 卖_____ 读_____ 诗_____

金_____ 银_____ 铁_____ 针_____

因_____ 困_____ 磨_____ 刻_____

进_____ 道_____

四 造句

1. 只要……就_____

2. 伟大_____

五 填写适当的量词

一(　　)云　　一(　　)树　　一(　　)雪花

一(　　)河　　一(　　)井　　一(　　)树林

一(　　)床　　一(　　)画　　一(　　)诗人

六 选字组词

车　中　多　路　水　发

开(　)　　井(　)　　(　)午

许(　)　　道(　)　　(　)光

七 根据课文判断对错

1. 一百多年以前,唐朝有一位伟大的诗人叫李白。　　___对___错

2. 李白小时候,读书不用功,所以学习进很快。　　___对___错

3. 老婆婆说:"只要功夫深,铁杵就能磨成针。"　　___对___错

4. 李白明白了一个道理:不论做什么事,都要下苦功夫。　　___对___错

八 缩写课文《铁杆磨成针》(最少五句)

_____

_____

_____

_____

_____

九 阅读《画蛋》后选择正确的答案

1. 达·芬奇是哪国人？

   A 美国人　　B 中国人　　C 英国人　　D 意大利人

2. 达·芬奇是干什么的？

   A 工人　　B 教师　　C 画家　　D 神仙

3. 达·芬奇听了老师的话以后怎么样做了？

   A 一画蛋就烦(fán)　　B 和老师生气　　C 用心画蛋

十 朗读课文三遍

第七课

一 写生词

罐	头										
森	林										
捡	起										
狠	狠										
砸											
乱											
厚											
挖	坑										
埋											
不	管										
接	住										
垃	圾	箱									

二 抄写课文(包括标点符号)

　　鸟爸爸动作快,一下子接住,没让罐头盒砸着孩子们。鸟爸爸又把罐头盒扔下去。鸟窝下面有条小河,罐头盒掉进小河里,在水面上漂啊漂……这时一个在河边玩的小朋友看见了,把罐头盒捞起来扔进了垃圾箱。

三 选字填空

捡　挖　接　扔　捞

1. 小田鼠会_____地洞。

2. 小明把地上的纸_____起来，放进垃圾箱里。

3. 小猴把桃子_____下来。

4. 小朋友把罐头盒从小河里_____起来。

5. 你把球_____住，再给我。

四 填写适当的量词

一(　　)椅子　　一(　　)饭　　一(　　)菜

一(　　)花　　一(　　)飞机　　一(　　)车

一(　　)鸡蛋　　一(　　)桌子　　一(　　)狼

一(　　)木头

五 根据课文选择正确的答案

1. 空罐头盒应该扔在哪里？

　　A 草地上　　B 小河里　　C 垃圾箱里　　D 埋在地里

2. 他们谁做得对？

    A 小猴　　　B 野猪　　　C 小朋友　　　D 小鸟

六　缩写课文《空罐头盒》（最少五句）

_____
_____
_____
_____
_____
_____
_____

七　阅读《西瓜皮》后选词填空

    垃圾箱　公园　秋千　一块　讲卫生　滑梯

1. 星期天，小猴和小猪一起到_____里玩。

2. 他们一会儿打_____，一会儿滑_____，可高兴了。

3. 小猴把香蕉皮扔进了_____。

4. 小猪脚下踩着_____西瓜皮，摔了一大跤。
　　　　　　cǎi　　　　　　　　　shuāi

5. 小猪痛得嗷嗷叫，说："谁这么不_____，乱扔西瓜皮？"
　　　　　　　áo

八　朗读课文三遍

第九课

一 写生字

胡	子										
探	险										
屁	股										
有	趣										
瞪	眼										
敬	礼										
骗											

二 抄写课文（包括标点符号）

　　我一定不对他吹胡子瞪眼："去去！我忙着哪！"

　　我要带他去动物园，先教大狗熊敬个礼，再教小八哥说句话。

　　我一定不老是骗他说："等等，下次再去吧！"

三 组词

等_____ 胡_____ 探_____ 瞪_____

有_____ 织_____ 骗_____ 织_____

礼_____ 敬_____

四 选字组词

(胡 湖)子　　(探 深)听　　(危 为)险

(蜘 知)道　　(骗 驴)人　　(织 知)布

(网 王)球　　有(起 趣)　　敬(李 礼)

五 选择填空

1. 森林里有一个湖,湖水很_____。(探 深)
2. 老师让我们把生字每个写五_____。(骗 遍)
3. 我们大家都喜欢打_____球。(王 网)
4. 下雨天开车是很_____险的。(危 为)
5. 蜘蛛会_____网。(织 知)

六 造句

1. 礼物_____
2. 骗人_____

七 阅读《最厉害的猫》后选择正确的答案

1. 有一家人,家里有许多老鼠。主人找来一只什么样的猫?

   A 懒猫　　　　　　　　B 馋猫
   C 最漂亮的花猫　　　　D 世界上最厉害的猫

2. 这只猫果然厉害,自从它来到这家,老鼠是多了还是少了?

    A 老鼠越来越多　　　　B 老鼠越来越少

3. 最后只剩下两只老鼠了,它们是(　　)。

    A 老鼠先生和老鼠太太

    B 两只小老鼠

    C 一只大老鼠和一只小老鼠

4. "没事了,快出来吧"是谁说的?

    A 猫　　B 小老鼠　　C 大老鼠

5. 猫的第二种语言有用吗?有什么用?

    A 没用　　　　　　B 有用,可以捉老鼠

6. 世界上最厉害的猫,为什么厉害?

    A 它跑得飞快,会抓老鼠。

    B 它的爪子很尖,老鼠都怕它。

    C 它会说老鼠的语言,老鼠常常受骗。

八　朗读课文三遍

第一课听写

第三课听写

第五课听写

第七课听写

第九课听写

《双双中文教材》是一套专门为海外学生编写的中文教材。它是由美国加州王双双老师和中国专家学者共同努力，在海外教学的多年实践中编写出来的。全套书共20册，识字量2500个，包括了从识字、拼音、句型、短文的学习，到初步的较系统的中国文化的学习。教材大体介绍了中国地理、历史、哲学等中国文化的丰富内容，知识面广，趣味性强，深入浅出，易教易学。全套书均配有CD-ROM。

　　本书是《双双中文教材》的第八册，适用于中文三年级学生第二学期使用。全书共10课，生字122个，生词118个。授课时间为12～14学时（每学时1.5小时）。到第八册，学生累计学习汉字832个。本册课文篇幅在550字左右，除课文外，每课都配有分量相当的故事短文，供学生自己练习阅读。同时本册开始介绍用一些基本汉字组合成新字，以帮助学生记忆和理解汉字。量词的使用是汉语教学中常遇到的难点之一。因此，本册也介绍了许多常用量词，并让学生们在一定语境中学习掌握这些量词。

ISBN 978-7-301-08702-2

全套定价：75.00元

（含课本、练习册、识字卡和CD-ROM盘一张）

双双中文教材（8）

练习册

（第八册 双课）

姓名：_____

年级：_____

第二课

一 写生词

玉	米											
大	娘											
核	桃											
分												
蛋	壳											
钻	出											
蛇												
鳄	鱼											
扑	通											
鸵	鸟											
沙	漠											

二 抄写课文（包括标点符号）

狐狸大娘笑眯眯地走来说："你好！黑熊。我有鸡蛋和你换玉米。"黑熊心想："人们都说，和狐狸换东西可得小心点！"正想着，狐狸大娘拿着一篮子蛋出来了。

三 组词

娘_____ 狼_____ 良_____ 浪_____

拿_____ 换_____ 漠_____ 鸵_____

壳_____ 核_____ 孩_____

四 选择填空

1. 我每天洗澡，每天_____衣服。（还　换）

2. 小华，请把牛奶帮我_____过来。（借　拿）

五 选字组词

（核　孩）桃　　海(狼　娘　浪)　　（沙　少）漠

（核　孩）子　　鸵(鹅　鸡　鸟)

六 组新字

目 米（　　）　　虫 它（　　）　　女 良（　　）

鸟 它（　　）　　人 王（　　）　　八 刀（　　）

七 根据课文判断对错

1. 黑熊想办个养鸭场。　　　　　　　　　　　___对___错

2. 狐狸大娘拿出的蛋有大有小。　　　　　　　___对___错

3. 黑熊把蛋拿回来，放在河边。　　　　　　　___对___错

4. 蛋里钻出小乌龟、小鸡和小鸵鸟。　　　　　___对___错

八 缩写课文《大鸡蛋 小鸡蛋》(写五到六句话)

_____

_____

_____

_____

_____

九 阅读《老鼠嫁女》后选择正确的答案

1. 老鼠家里办喜事,_____。

    A 有个儿子要出嫁　　B 有个女儿要上学

    C 有个女儿要出嫁

2. 老鼠爸爸很_____。

    A 糊涂　　　　　B 聪明

3. 老鼠女儿坐花轿,一抬_____。

    A 抬到猴子家　　B 抬到猫咪家　　C 抬到青蛙家

4. 大风怕什么？

    A 太阳   B 老鼠   C 高墙   D 乌云

十 朗读课文三遍

第四课

一 写生词

昨	天												
美													
极													
闭													
突	然												
甩													
荡													
飘													
安	静												
开	始												

二 组词

湖_____ 玩_____ 闭_____ 突_____

定_____ 主_____ 晚_____ 买_____

卖_____ 梦_____ 钱_____ 甩_____

用_____ 扑_____ 静_____ 始_____

三 抄写课文(包括标点符号)

夜里真安静,小青蛙一下睡着了。他开始做梦了:梦见一个大湖,他和红金鱼一起在湖中游来游去做游戏。他又做了一个飞的梦:白天鹅背着他在蓝天上飞。

四 反义词填空

买——(　　) 早晨——(　　) 高兴——(　　)

笑——(　　) 吵闹——(　　) 睡着——(　　)

五 选字组词

（作 昨）业　　（住 主）人　　安（静 清）

（作 昨）天　　（住 主）房

六 选择填空

1. 老师让学生们做_____业。（作　昨）

2. _____天晚上大家一起去看了个电影。（作　昨）

3. 他是这只狗的_____人。（住　主）

4. 你_____在哪儿？（住　主）

5. 上课了，教室里很安_____。（静　清）

七 造句

1. 钱_____

2. 昨天_____

3. 晚上_____

4. 主意_____

八 根据课文判断对错

1. 小青蛙坐在荷叶上,忙着找小鱼吃。　　　___对___错
2. 小青蛙没做梦,就去买梦。　　　　　　　___对___错
3. 小青蛙做梦和小兔子飞到天空去了。　　　___对___错
4. 小青蛙梦见和黑金鱼在水里做游戏。　　　___对___错
5. 小青蛙做梦了。　　　　　　　　　　　　___对___错

九 填写适当的量词

一（　）人　　一（　）鸭　　一（　）毛巾

一（　）鸟　　一（　）猫　　一（　）脚

一（　）马　　一（　）狗　　一（　）眼

一（　）牛　　一（　）鞋　　一（　）路

一（　）羊　　一（　）手　　一（　）鱼

一（　）河　　一（　）蛇　　一（　）云

一（　）窗　　一（　）门

十 缩写课文《买梦》（写五到六句话）

_____

_____

_____

_____

_____

_____

十一 朗读课文三遍

第六课

一 写生词

懒	汉											
邻	居											
煮												
一	顿											
痒												
叮												
教	训											
骂	人											
治	病											
丢												
解	开											

二 抄写课文（包括标点符号）

邻居老大爷养了一群鸭子，懒汉馋得直流口水。一天，老大爷不在家，懒汉偷了一只鸭，回家关上门，把鸭子煮好，美美地吃了一顿，就上床睡觉了。

……

从那以后，懒汉好好种田，再也不干坏事了。

三　组词

懒_____　　法_____　　邻_____　　煮_____

顿_____　　痒_____　　叮_____　　难_____

训_____　　骂_____　　治_____　　解_____

功_____　　喜_____　　只_____　　干_____

四　选出适当的量词填空

顿　把　袋　条　本　个　幅　杯

一(　)饭　　　一(　)书　　　一(　)茶

一(　)米　　　一(　)路　　　一(　)瓜

一(　)椅子　　一(　)地图

五　选择填空

1. 他妈妈是中学的数学_____。（教室　教师　教训）

2. 学校里有一排排的_____。（教室　教师　教训）

3. 懒汉得了一个_____。（教室　教师　教训）

4. _____家有一条大狼狗。（邻居　居住　居民）

5. 加州的_____中，许多人是华人。（邻居　居住　居民）

6. 美国人大多_____在美国东海岸和西海岸。

（邻居　居住　居民）

六　造句

1. 治病_____

2. 邻居_____

七　根据课文判断对错

1. 懒汉偷吃邻居的鸭子后，身上长了鸡毛。　　___对___错

2. 懒汉求老大爷骂他。　　　　　　　　　　　___对___错

3. 懒汉后来好好种田了。　　　　　　　　　　___对___错

八　填写适当的量词

1. 有一家人，家里有爸爸、妈妈和一（　）小孩。他们住的房子有三（　）屋子。他们养着一（　）狗、几（　）鸡、一（　）牛、一（　）马和一（　）羊。

2. 屋里放着两（　）床、四（　）椅子。卫生间里挂着三（　）毛巾。

3.哥哥出门时穿着一（　　）大衣,戴着一（　　）帽子和一（　　）手套。

九 缩写课文《骂鸭》(最少五句)

_____
_____
_____
_____
_____

十 阅读《金斧头》后判断对错

1. 诚实过河时不小心把一把金斧头掉进河里了。　　　___对___错

2. 诚实说金斧头是他的。　　　___对___错

3. 诚实从老人手里拿回他的铁斧头以后,斧头变得很好用,他很高兴。　　　___对___错

4. 诚实说实话,不骗人。　　　___对___错

十一 朗读课文三遍

第八课

一 写生词

生	肖											
传	说											
玉	帝											
排	定											
答	应											
龙												
金	甲											
光	秃	秃										
借												
挑	出											
肥												
狡	猾											
沉	底											

二 抄写课文(包括标点符号)

龙一见,马上说:"公鸡,今天我要开生肖大会去,把你的角借我用一用好吗?"公鸡说:"今天我也要去呢。"龙说:"公鸡,你就是没有这对角,也够漂亮了。我这个光头,多不好看呀!"公鸡想:也是。它就把角借给了龙。

三 组词

肖_____　　玉_____　　肥_____　　底_____

狡_____　　沉_____　　传_____　　动_____

肥_____　　光_____　　借_____　　挑_____

糊_____　　湖_____　　蝴_____　　答_____

四 选字组词

国（王 玉）　　（肥 胖）人　　（糊 湖 蝴）涂

传（讲 说）　　（肥 胖）猪　　（糊 湖 蝴）蝶

学（狡 校）　　（狡 校）猾　　（糊 湖 蝴）水

五 组新字

月 巴（　　）　　　　禾 几（　　）

六 造句

1. 借_____

2. 答应_____

18

七 反义词填空

有名——（　）　　出去——（　）　　回来——（　）

少年——（　）　　南方——（　）　　黑夜——（　）

借　——（　）　　笑　——（　）　　摇头——（　）

八 填写适当的量词

一（　）菜　　　一（　）车　　　一（　）河

一（　）鸽子　　一（　）飞机　　一（　）花

九 根据课文判断对错

1. 生肖一共二十个。　　　　　　　　　　　　___对___错

2. 公鸡把角借给了龙哥哥。　　　　　　　　　___对___错

3. 玉帝选了牛、马、羊、猫、鸡、鼠等动物，
   作为人的生肖。　　　　　　　　　　　　　___对___错

4. 老鼠很狡猾。　　　　　　　　　　　　　　___对___错

十 回答

你的生肖是什么？_____

十一 缩写课文《生肖的传说》(最少五句)

_____

_____

_____

_____

_____

十二 阅读《大剪刀》后选择填空

1. 有一把大_____刀在草地上一边走一边唱歌。

   （前　剪）

2. 小红花摇摇头说："这_____不好听。"（歌　哥）

3. 大剪刀生_____了,把小红花的叶子剪掉了。

   （气　汽）

4. 小蜥蜴说："大剪刀唱歌_____好听。"（还　不）

5. 大剪刀跑上去,把小蜥蜴的尾_____剪掉了。

   （把　巴）

6. 大剪刀唱着歌走进森林里。老虎_____了歌声。

   （看见　听见）

十三 朗读课文三遍

第十课

一 写生词

庙												
瘦												
水	缸											
桶												
应	该											
俩												
冒	烟											
望												
油	灯											
终	于											
灭												
团	结											
合	作											

二 抄写课文(包括标点符号)

　　一天夜里,小老鼠打翻了油灯,庙起火了。三个和尚急了,忙去挑水救火。三人来来回回从河里往山上挑水。一场大火终于扑灭了。这场大火后,三个和尚明白了:应该团结合作。从此,水缸里的水又满了。

三 组词

傻_____　　挑_____　　跳_____　　瘦_____

渴_____　　喝_____　　灭_____　　终_____

应_____　　望_____　　合_____　　桶_____

干_____　　该_____　　团_____　　烟_____

满_____　　结_____　　冒_____　　油_____

四 反义词填空

瘦——（　）　　傻——（　）　　干——（　）

合——（　）　　快——（　）　　长——（　）

方——（　）　　底下——（　）　　外面——（　）

五 选择填空

1. 杯子里的水_____。（满了　满分）

2. 李红数学考试得了_____。（满分　满意）

3. 每天起床后，_____跑步、做操。（不该　应该）

4. 三个和尚都不喜欢_____，水缸空了。（干活　终于）

5. 大火_____被扑灭了。（干活　终于）

六 造句

　　1. 应该＿＿＿＿＿＿＿＿＿＿＿＿＿＿＿＿＿＿＿

　　2. 终于＿＿＿＿＿＿＿＿＿＿＿＿＿＿＿＿＿＿＿

七 缩写课文《三个和尚》(最少五句)

＿＿＿＿＿＿＿＿＿＿＿＿＿＿＿＿＿＿＿＿＿＿＿
＿＿＿＿＿＿＿＿＿＿＿＿＿＿＿＿＿＿＿＿＿＿＿
＿＿＿＿＿＿＿＿＿＿＿＿＿＿＿＿＿＿＿＿＿＿＿
＿＿＿＿＿＿＿＿＿＿＿＿＿＿＿＿＿＿＿＿＿＿＿
＿＿＿＿＿＿＿＿＿＿＿＿＿＿＿＿＿＿＿＿＿＿＿

八 朗读课文三遍

第二课听写

第四课听写

第六课听写

第八课听写

第十课听写

练习纸

中文课本第八册